ANALISI DEL LIBRO

AF131999

Frankenstein

• • • • • • • • • • • • • • • •

MARY SHELLEY

ANALISI DEL LIBRO

Scritto da Claire Cornillon
Tradotto da Sara Rossi

Frankenstein

MARY SHELLEY

MARY SHELLEY

ROMANZIERE, SCRITTORE DI RACCONTI, DRAMMATURGO, SAGGISTA E BIOGRAFO INGLESE

- **Nato a Londra nel 1797**
- **Morto a Londra nel 1851**
- **Opere degne di nota:**
  - *Frankenstein* (1818), romanzo
  - *L'ultimo uomo* (1826), romanzo
  - *Viaggi in Germania e in Italia nel 1840, 1842 e 1843* (1844), racconto di viaggio

Mary Shelley nacque in Inghilterra nel 1797 e morì nel 1851. Scrisse racconti, saggi e racconti di viaggio, ma la sua opera più famosa è il romanzo d'esordio, *Frankenstein* (1818). Donna di lettere, si mescolò agli intellettuali del suo tempo. Fu sposata con il poeta romantico Percy Shelley (1792-1822).

FRANKENSTEIN

UNA RIFLESSIONE SULL'ORIGINE DEL MALE

- **Genere:** romanzo

- **Edizione di riferimento:** Shelley, M. (1999) *Frankenstein*. 2° edizione. Toronto: Broadview Press

- **Prima edizione:** 1818

- **Temi:** scienza, creazione, esperienze, mostro, soprannaturale, orgoglio

Mary e Percy Shelley, Lord Byron e il dottor Polidori trascorrono l'estate del 1816 in un villaggio vicino al lago Lemano e decidono di scrivere ciascuno un racconto dell'orrore: è questo che spinge Mary Shelley a scrivere *Frankenstein: or, The Modern Prometheus*.

Il romanzo fu pubblicato nel 1818. Racconta la storia del giovane Frankenstein e di come riesce a scoprire il segreto della vita e a creare un essere che può animare. La creatura viene rifiutata da tutti, persino dal suo creatore. L'opera solleva domande sui limiti della scienza e sui pericoli che corrono gli uomini che vogliono svelare i misteri della natura.

SINTESI

LE LETTERE DI WALTON

Robert Walton scrive alla sorella, Mrs. Saville, per raccontarle le tappe del suo viaggio, prima a San Pietroburgo, poi ad Archangelsk (Russia). È in viaggio verso il Polo Nord a bordo di una barca. Con il suo equipaggio, ha trovato e salvato un uomo dal freddo. Quest'uomo, che in realtà è alla ricerca di un uomo che sta scappando da lui, racconta la sua storia a Walton che poi la trascrive.

IL RACCONTO DI VICTOR FRANKENSTEIN

Victor Frankenstein inizia la sua storia come segue: "Sono ginevrino di nascita e la mia famiglia è una delle più illustri di quella repubblica" (Capitolo 1). I suoi genitori accolgono una bambina, Elizabeth, e la adottano. La bambina si ammala, colpita dalla scarlattina, ma si riprende. Tuttavia, anche la madre di Victor, nel prendersi cura di Elizabeth, si ammala di scarlattina e muore.

Victor parte per studiare. Si appassiona al mistero della vita e riesce, dopo molte ricerche, a svelarlo: "Dopo giorni e notti di incredibile lavoro e fatica, riuscii a scoprire la causa della generazione e della vita; anzi, di più, divenni io stesso capace di dare animazione alla materia inanimata" (Capitolo 4). Si adopera quindi per creare un essere vivente. Quando la creatura si sveglia, Victor Frankenstein fugge terrorizzato.

Traumatizzato dal risveglio della creatura, viene colto da una febbre nervosa e rimane costretto a letto per due mesi. L'amico Henry Clerval si prende cura di lui.

Frankenstein apprende da una lettera del padre che il fratello William è stato ucciso. Torna quindi dalla sua famiglia. Justine Morritz, un'amica di famiglia, viene accusata dell'omicidio, ma Frankenstein crede di aver visto la sua creatura nella zona e conclude che deve essere lui il vero colpevole. Justine viene processata, condannata e giustiziata. Frankenstein, che non interviene, è sopraffatto dal senso di colpa.

Parte per viaggiare sulle Alpi e lì incontra la sua creatura, con la quale, per la prima volta, scambia qualche parola. La creatura gli racconta quello che è successo: si è dovuto nascondere, rifiutato da tutti gli uomini a causa della sua bruttezza e del terrore che suscitava in tutti quelli che incontrava. "Non c'era nessuno, tra le miriadi di uomini esistenti, che mi compatisse o mi assistesse; e avrei dovuto provare gentilezza verso i miei nemici? No; da quel momento dichiarai guerra perenne alla specie e, soprattutto, a colui che mi aveva formato e mandato a questa insopportabile miseria" (Capitolo 16), pensa la creatura. Chiede quindi a Frankenstein di creare un compagno che gli assomigli, e lui acconsente.

Victor ed Elizabeth si sposeranno. Prima di allora, Victor parte per l'Inghilterra con Clerval per raccogliere le informazioni scientifiche necessarie per portare a termine il suo compito. Alla fine, però, Frankenstein decide di non creare una seconda creatura, spaventato dalle possibili conseguenze. Pertanto, parte ancora una volta in barca e arriva in Irlanda. Lì viene accusato di omicidio e, con orrore, scopre che il suo amico Clerval è stato ucciso. Seguono due mesi di febbre e delirio in seguito alla scoperta della sua morte. Viene dichiarato innocente. Suo padre viene a cercarlo e partono insieme.

Il matrimonio si avvicina rapidamente. Ma quando Frankenstein si era rifiutato di creare una compagna per la creatura, l'aveva minacciato: "Questa lettera mi ha fatto rivivere ciò che prima avevo dimenticato, la minaccia del demonio: "Sarò con te la notte di nozze!"" (Capitolo 22). Elizabeth e Victor si sposano comunque e vanno sul lago di Como, ma Elizabeth viene assassinata. Tornato a Ginevra, Victor decide di cercare la creatura e di distruggerla. La ricerca continua in tutto il mondo e alla fine lo porta al Polo Nord, dove incontra Walton.

UN RITORNO ALLE LETTERE DI WALTON

Mentre Walton e il suo equipaggio decidono di proseguire verso l'Inghilterra, Frankenstein muore, indebolito dalla ricerca. La creatura appare poco dopo al suo fianco e dice a Walton che il suo percorso è giunto al termine, poiché il suo creatore è morto. Dopo aver annunciato il suo suicidio, fugge.

STUDIO DEL CARATTERE

VICTOR FRANKENSTEIN

Victor Frankenstein nasce a Ginevra da una famiglia benestante. Fin da bambino si appassiona ai misteri del mondo e, attraverso l'autoapprendimento, cerca di svelarli. All'università scopre la scienza del suo tempo e, affascinato, riprende le sue ricerche. Vuole capire il segreto della vita e ci riesce. Nella sua narrazione, oppone la sua curiosità all'atteggiamento contemplativo della donna che ama, Elizabeth:

> "Mentre la mia compagna contemplava con spirito serio e soddisfatto le magnifiche apparenze delle cose, io mi dilettavo a indagarne le cause. Il mondo era per me un segreto che desideravo divulgare. La curiosità, la ricerca accanita di conoscere le leggi nascoste della natura, la gioia simile all'estasi quando mi venivano svelate, sono tra le prime sensazioni che ricordo" (Capitolo 2).

Frankenstein è un personaggio ambivalente che tutti gli altri personaggi descrivono come affascinante, ma il cui orgoglio e la cui curiosità sfiorano la follia. Walton lo descrive nella sua lettera:

> "Non ho mai visto una creatura più interessante: i suoi occhi hanno generalmente un'espressione di selvatichezza e persino di follia, ma ci sono momenti in cui, se qualcuno compie un atto di gentilezza nei suoi confronti o gli rende il servizio più insignificante, tutto il suo volto si illumina, per così dire, con un raggio di benevolenza e di dolcezza che non ho mai visto eguagliare. Ma in genere è malinconico e disperato, e a volte digrigna i denti, come se fosse impaziente del peso dei dolori che lo opprimono" (Lettera 4).

Eppure, quest'uomo brillante abbandona la sua creatura appena nata. La sua codardia e l'incapacità di assumersi le conseguenze delle sue azioni (a causa del suo silenzio, Justine viene giustiziata) lo fanno precipitare in un abisso di sensi di colpa. Scopre con orrore di aver aperto il vaso di Pandora: "Ahimè! Avevo liberato nel mondo un miserabile depravato, il cui piacere era la carneficina e la miseria; non aveva forse ucciso mio fratello?" (Capitolo 7). Ma le cose non sono così semplici ed egli si sbaglia sulla natura della creatura.

LA CREATURA

La creatura non ha un nome. Victor Frankenstein l'ha creata da tessuti morti che è riuscito ad animare. È più grande di un uomo e il suo aspetto fisico è ripugnante:

> *"La sua pelle gialla copriva a malapena il lavoro dei muscoli e delle arterie sottostanti; i suoi capelli erano di un nero lucente e fluenti; i suoi denti di un bianco perlaceo; ma queste rigogliosità formavano solo un contrasto più orribile con i suoi occhi acquosi, che sembravano quasi dello stesso colore delle orbite bianco-verdastre in cui erano incastonati, la sua carnagione raggrinzita e le sue labbra nere e dritte" (Capitolo 5).*

Alla sua nascita, il suo creatore si spaventa e scappa. La creatura rimane quindi sola, abbandonata da tutti. Poiché il suo aspetto terrorizza la gente, deve rimanere nascosto. Commette crimini, questo è certo, ma la sua natura non è cattiva. Impara a parlare e a leggere e cerca di assomigliare agli umani. È nato innocente, ma l'odio che deve affrontare e la solitudine lo hanno trasformato in un criminale. Per questo lancia un grido di disperazione quando si riunisce al suo creatore:

> *"Non ho forse sofferto abbastanza, che tu cerchi di aumentare la mia miseria? La vita, anche se è solo un accumulo di angoscia, mi è cara e la difenderò. Ricordati che mi hai reso più potente di te; la mia statura è superiore alla tua, le mie articolazioni più duttili. Ma non sarò tentato di oppormi a te. Sono una tua creatura e sarò persino mite e docile nei confronti del mio signore e re naturale, se anche tu vorrai compiere la tua parte, quella che mi hai ordinato […]. Ricordati che sono la tua creatura; dovrei essere il tuo Adamo, ma sono piuttosto l'angelo caduto, che tu allontani dalla gioia per nessuna colpa. Ovunque vedo la beatitudine, dalla quale io solo sono irrevocabilmente escluso. Ero benevolo e buono; la miseria mi ha reso un demonio. Rendimi felice e tornerò a essere virtuoso"* (Capitolo 10).

Dipende dal suo creatore e cerca di fare il bene, ma la sua sofferenza lo ha portato sulla strada del male. Dice al suo padrone: "Dovrei essere il tuo Adamo", paragonando Frankenstein a Dio e se stesso all'uomo, la sua creatura.

La creatura è quindi una sorta di eroe tragico, persino patetico, che finisce per suicidarsi dopo la morte del suo padrone.

ELISABETTA E HENRY CLERVAL

Henry Clerval ed Elizabeth rappresentano i contrappunti al personaggio di Victor. Completamente positivi, solo le loro qualità sono messe in evidenza: sono costantemente elogiati nella narrazione di Frankenstein. Henry è un amico fedele. È una vittima dei tragici eventi.

> *"Per quanto riguarda Elizabeth, è la figlia adottiva della famiglia Frankenstein. Victor è cresciuto con lei e si è innamorato. Si sposano qualche anno dopo. La sua bellezza viene costantemente elogiata: "Quando mio padre tornò da Milano, trovò a giocare con me nel salone della nostra villa una bambina più bella di un cherubino, una creatura che sembrava emanare splendore dai suoi sguardi e la cui forma e i cui movimenti erano più leggeri del camoscio delle colline""* (Capitolo 1).

È associata alla luce, mentre Victor e la creatura sono esseri dell'oscurità. Ella rappresenta la purezza, l'amore e la compassione, vive in armonia con il mondo e ne segue le regole, il che è l'esatto contrario di Frankenstein, che crede di poter essere un Dio tra gli uomini. Elizabeth muore tragicamente a causa della follia di Victor.

ANALISI

UN ROMANZO CHE SI INSCRIVE NELLA TRADIZIONE GOTICA

Frankenstein è costruito secondo il principio delle storie inca-stonate. Questa è una delle caratteristiche del romanzo gotico, un genere letterario inglese della fine del Settecento e dell'inizio dell'Ottocento che condivide analogie con il thriller e il romanzo dell'orrore, caratterizzato da castelli medievali, trame complesse, segreti misteriosi, una natura inquietante e sublime, nonché elementi soprannaturali (altri esempi sono *Il castello di Otranto* di Horace Walpole, 1764, o *Il monaco* di Matthew Lewis, 1796).

Troviamo alcuni di questi motivi e temi gotici nel romanzo di Mary Shelley, in particolare attraverso la descrizione di una natura grandiosa e sublime, imponente, maestosa, ma peri-colosa: gli eventi della trama si svolgono in una moltitudine di luoghi, la maggior parte dei quali appartiene a questa natura selvaggia. Ciò è particolarmente evidente nel seguente passaggio:

> *"L'ascesa è ripida, ma il sentiero è tagliato in continui e brevi tornanti, che permettono di superare la perpendicolarità della montagna. È uno scena-rio terribilmente desolato. In mille punti si possono percepire le tracce della valanga invernale, dove gli alberi giacciono spezzati e sparsi sul terreno, alcuni completamente distrutti, altri piegati, appoggiati alle rocce sporgenti della montagna o trasversalmente ad altri alberi"* (Capitolo 10).

Si noti che questa visione della natura è anche poco romantica.

Il romanzo è costruito come una raccolta di documenti, ovvero le lettere di Walton, che racconta il suo incontro con Victor Frankenstein. Quest'ultimo narra la propria storia mentre Walton la trascrive e la aggiunge alle sue lettere. La narrazione è quindi condotta dai personaggi della storia ed è scritta in prima persona singolare. La narrazione della creatura a Frankenstein e poi della creatura a Walton completano la storia dandole un altro punto di vista; ma il testo si concentra soprattutto sull'analisi psicologica di Frankenstein stesso, che sprofonda nei sensi di colpa.

Questo processo conferisce anche realismo a una storia che è comunque vicina al fantastico e che il critico e scrittore Brian Aldiss (romanziere e scrittore di racconti britannico, nato nel 1925) ha identificato come il primo romanzo di fantascienza. Inoltre, la creazione di Frankenstein si basa su un'ipotesi scientifica e non è il risultato di eventi soprannaturali, come avviene nel genere fantastico. L'intero romanzo è incentrato sull'esplorazione di un'ipotesi e delle sue conseguenze: cosa accadrebbe se l'uomo fosse in grado di creare un essere artificiale? Questo tema è ripreso nella fantascienza, in particolare con l'apparizione dei robot.

IL MOSTRO

La domanda che sorge spontanea leggendo il romanzo è: chi è il mostro? Sebbene la storia sia narrata da Victor Frankenstein, la creatura appare come una vittima. È stata abbandonata dal suo creatore. Inoltre, la creatura, che non ha un nome, pone un'opposizione tra l'apparenza e la realtà: sebbene fisicamente ripugnante, non è intrinsecamente malvagia. Sono la paura e, soprattutto, l'odio che ispira nelle persone che lo portano ai suoi crimini. Come scrive Francis Lacassin (giornalista e scrittore francese, 1931-2008), "il mostro provoca più repulsione che paura, causata non dalla sua bruttezza, ma dalle condizioni della sua creazione e [...] dalla logica del male a cui il destino gli impedisce di sottrarsi" (Introduzione all'edizione francese).

Ciò che costituisce la problematicità della creatura è il fatto che è innaturale. La creatura non dovrebbe esserlo, essendo il prodotto della forza di volontà di Frankenstein. Eppure, è Frankenstein che appare come il mostro, lasciando che Justine venga giustiziata, mettendo in pericolo la vita dei suoi parenti e non provando compassione per la sua stessa creatura. La creatura è in realtà il vero eroe del romanzo.

Frankenstein è una riflessione sull'uomo e sull'origine del male: i pensieri della creatura portano in questa direzione. È lui che scopre che il male è possibile e finisce per compierlo lui stesso, dicendo:

> "L'uomo, infatti, era allo stesso tempo così potente, così virtuoso e magnifico, eppure così vizioso e meschino? Egli appariva a un tempo come un mero rampollo del principio malvagio e a un altro come tutto ciò che può essere concepito come nobile e divino [...]. Per molto tempo non riuscii a concepire come un uomo potesse arrivare a uccidere un suo simile, e nemmeno perché esistessero leggi e governi; ma quando sentii i dettagli del vizio e dello spargimento di sangue, la mia meraviglia cessò e mi allontanai con disgusto e ribrezzo" (Capitolo 13).

UN MITO MODERNO

Il sottotitolo del romanzo, *Il moderno Prometeo*, invita il lettore a considerarlo come la riproposizione di un mito antico. Prometeo è un titano. Nella *Teogonia* di Esiodo (poeta greco della metà dell'VIII secolo a.C.), è lui a creare gli uomini e a rubare il fuoco per donarlo loro, ma questo atto di orgoglio che cerca di aiutare l'umanità a elevarsi al di sopra della sua condizione viene punito dagli dei. Prometeo viene legato a una roccia e il suo fegato viene mangiato ogni giorno da un'aquila, condannandolo a sopportare una sofferenza eterna. Allo stesso modo, Victor Frankenstein vuole rendersi uguale agli dei controllando la natura e creando lui stesso la vita. Così facendo, commette un crimine di orgoglio e il suo tragico destino lo punisce severamente. Perde tutti i suoi cari e alla fine muore.

Il suo racconto è quindi una sorta di favola morale; la sua storia illustra un precetto, quello della scienza come hubris (dal greco antico che significa "orgoglio"): la scienza è estremamente potente e l'uomo ha capacità illimitate, può arrivare a creare la vita, ma il fatto che possa farlo non significa che debba farlo. La narrazione di Victor mette in guardia Walton – per questo, dice, non vuole rivelare il suo segreto, perché, proprio come il vaso di Pandora, la conoscenza è pericolosa – e il romanzo mette in guardia il lettore: "Impara da me, se non con i miei precetti, almeno con il mio esempio, quanto sia pericolosa l'acquisizione del sapere e quanto sia più felice l'uomo che crede che la sua città natale sia il mondo, di colui che aspira a diventare più grande di quanto la sua natura gli permetta" (Capitolo 4).

ULTERIORI RIFLESSIONI

ALCUNE DOMANDE SU CUI RIFLETTERE...

- Quale visione della scienza viene presentata dal romanzo? È positiva o negativa? Giustificate la vostra risposta.

- Analizzate la struttura della narrazione. Come è organizzata? Chi sono i narratori? Quali sono gli effetti di questa scelta narrativa?

- In che senso questo romanzo appartiene alla tradizione gotica?

- Confrontate la creatura del romanzo con quella di uno degli adattamenti cinematografici dell'opera. Quali differenze notate?

- In cosa differiscono le concezioni del mondo di Elizabeth e Victor?

- Il romanzo appare pessimista? Perché?

- Come viene descritta la natura nel romanzo? Qual è l'effetto di questa rappresentazione della natura? Secondo voi, perché Mary Shelley sceglie di rappresentarla in questo modo?

- Spiegate il sottotitolo del romanzo: *Il Prometeo moderno*.

- Questo romanzo include temi che sono ancora attuali? Spiegate la vostra risposta.

- Perché possiamo dire che la natura è il vero eroe del romanzo?

ULTERIORI LETTURE

EDIZIONE DI RIFERIMENTO

Shelley, M. (1999) *Frankenstein*. 2° edizione. Toronto: Broadview Press.

ADATTAMENTI

Frankenstein. (1931) [Film]. James Whale. USA: Universal Pictures.

Frankenstein. (1994) [Film]. Kenneth Branagh. Dir. USA: TriStar Pictures.

Vogliamo sapere da voi!
Lasciate un commento sulla vostra biblioteca online
e condividete i vostri libri preferiti sui social media!

MUST READ

Perché scegliere Must Read?

Scoprite tutto quello che c'è da sapere su un libro, con i nostri riassunti e le nostre analisi concise e approfondite!

Scoprite il meglio della letteratura sotto una luce completamente nuova!

MUST READ ANALISI DEL LIBRO

Lo straniero

ALBERT CAMUS

MUST READ ANALISI DEL LIBRO

Il Grande Gatsby

FRANCIS SCOTT FITZGERALD

MUST READ ANALISI DEL LIBRO

Una bottiglia nel mare di Gaza

VALÉRIE ZENATTI

MUST READ ANALISI DEL LIBRO

Vorrei che da qualche parte ci fosse qualcuno ad aspettarmi

ANNA GAVALDA

MUST READ ANALISI DEL LIBRO

Il conte di Montecristo

ALEXANDRE DUMAS

MUST READ ANALISI DEL LIBRO

Il profumo

PATRICK SÜSKIND

www.50minutes.com

www.50minutes.com

Master ISBN: 9782808689885
ISBN cartaceo: 9782808611282
Deposito legale: D/2023/12603/1408

Copertura: © Primento

Concezione digitale a cura di Primento, il partner digitale degli editori.